AF242791

ADMINISTRATION GÉNÉRALE

des

INTÉRÊTS PUBLICS SELON LE PLAN DE CONFÉDÉRATION

DU

LIVRE PRÉCURSEUR

NOUVEAU MODE D'ÉLECTION

ET

NOUVELLE FORME REPRÉSENTATIVE

PRIX : UN FRANC

PARIS

CHEZ L'AUTEUR, M. BREMOND

146, Boulevard Haussmann, 146

1869

ADMINISTRATION GÉNÉRALE

DES INTÉRÊTS PUBLICS SELON LE PLAN DE CONFÉDÉRATION

DU

LIVRE PRÉCURSEUR

NOUVEAU MODE D'ÉLECTION

ET

NOUVELLE FORME REPRÉSENTATIVE

Selon le Plan de confédération européenne et universelle du Livre Précurseur, l'Administration générale des intérêts publics d'un peuple ou d'une nation, est exercée hiérarchiquement par les citoyens eux-mêmes, chacun dans la sphère des intérêts qu'il est appelé à représenter.

Dans la Commune, où est établi le premier degré de l'échelle hiérarchique, tous les citoyens majeurs participent directement à l'administration des intérêts communaux de leur territoire. Réunis en Assemblée générale au lieu de leurs délibérations, ils forment le Parlement communal, et les résolutions qu'ils y prennent sont validées à la majorité des deux tiers des votants.

Le premier acte du Parlement d'une commune non encore organisée est l'élection du Chef de cette commune. Ensuite il nomme un Conseil composé de vingt-quatre membres, dont le chef, déjà élu, est président de droit, ce qui porte à vingt-cinq membres le Conseil au complet. Puis, ce Conseil choisit et nomme lui-même, parmi ses membres, deux présidents adjoints pour suppléer le Président et en remplir au besoin toutes les fonctions administratives.

Le Chef de la commune est élu à vie.

Le Conseil est permanent, mais il est renouvelé par moitié chaque année à l'ouverture de la session, et les douze membres sortants peuvent être réélus.

La session annuelle ordinaire du Parlement communal est ouverte régulièrement, sans convocation spéciale, du 1er au 31 octobre, et ses séances ont généralement lieu dans la soirée

pour ne pas interrompre les travaux de la
journée.

Le Chef de la commune et le Conseil communal forment ensemble le Pouvoir exécutif. C'est
comme un conseil de famille général, qui est
spécialement chargé de la promulgation et de
l'application des lois ou réglements votés par
le parlement, ainsi que de l'expédition des affaires courantes de la commune. A un degré supérieur, ce même conseil remplace tout à la fois
le Conseil privé, le Conseil d'État et tous les
ministères, qui ne sont plus que de simples
divisions administratives placées sous sa direction, tandis que le Parlement remplace lui-
même le Corps législatif et le Sénat.

Dans ces conditions, l'unité administrative
est complète, les citoyens n'abdiquent jamais
leur souveraineté, et s'ils viennent à se tromper
dans leurs appréciations, ils peuvent toujours
réparer leurs erreurs, soit dans la session suivante, soit en se convoquant extraordinaire·
ment si la gravité l'exige.

Ainsi, dans cet ordre représentatif, toutes les
libertés nécessaires peuvent se développer à
l'aise, pacifiquement et de la manière la plus
conforme aux intérêts généraux, sans avoir
jamais à craindre les entraves illégales d'aucune
autorité supérieure.

L'âge de majorité des citoyens est de vingt-un ans accomplis avant d'être déclairés aptes à participer aux affaires publiques, mais ils ne sont éligibles qu'après vingt-cinq ans révolus.

Au dessus de la commune il y a le duché, la principauté et le royaume, qui reproduisent en grand, *le canton, l'arrondissement* et *le département.*

Selon les mêmes principes, le Duché s'administre aussi lui même directement par l'organe d'une Assemblée représentative. Cette Asssemblée est élue par les citoyens majeurs de toutes les communes de sa juridiction, à raison de deux membres par commune, quels que soient l'étendue de son territoire et le nombre de ses habitants; car, les intérêts étant les mêmes pour tous, un même membre peut représenter aussi bien les intérêts de cent que de mille citoyens. C'est donc plutôt la composition du parlement en lui même qu'il faut considérer, que le rapport du nombre de ses membres avec celui des habitants de sa circonscription politique.

La ville ducale ou chef-lieu de canton est considérée elle-même comme deux communes et nomme quatre membres pour son propre compte.

De même que pour les communes, le premier acte du parlement d'un duché non encore organisé est d'élire le chef de ce duché ; ensuite, il nomme également et dans les mêmes conditions, un conseil de vingt-quatre membres, ayant pour président le chef ducal.

Le parlement ducal est élu pour cinq ans. Sa session annuelle ordinaire est ouverte régulièrement et sans convocation spéciale, du 1er au 30 novembre, c'est-à-dire immédiatement après la cloture des parlements communaux.

Les grandes villes, non chef-lieux, sont considérées comme une agglomération de plusieurs communes associées entre elles, mais ayant chacune son autonomie particulière. Et la commune urbaine est administrée de la même manière que la commune rurale. La seule diffé rence, c'est que l'une est plus particulièrement agricole, et l'autre, plus particulièrement industrielle.

La Principauté est administrée par une Assemblée de représentants nommés par les assemblées ducales de son territoire, à raison de vingt-cinq membres par duché. La ville princiale ou chef-lieu d'arrondissement, considérée sous ce rapport comme un double duché, nomme cinquante membres pour elle-même. Et

comme la principauté est invariablement composée de quatre duchés, le parlement princial
au complet comprend cent-cinquante membres.

De même que pour les duchés et les communes, le premier acte du parlement d'une principauté non encore organisée est d'élire le chef
de cette principauté, ainsi que les vingt-quatre
membres du conseil permanent.

Le parlement princial est élu pour cinq ans,
et sa session annuelle ordinaire est ouverte du
.1er au 31 décembre, immédiatement après la
clôture des parlements ducaux.

Le Royaume est administré par une Assemblée
de représentants nommés par les assemblées
princiales de son territoire, à raison de vingt-
cinq membres par principauté. La ville royale
ou chef-lieu de département, considérée sous ce
rapport comme une double principauté, nomme
cinquante membres pour elle-même. Et, comme
le royaume est invariablement composé de
douze principautés, le parlement royal au
complet comprend trois cent cinquante membres.

De même que pour les principautés, les
duchés et les communes, le premier acte du
parlement d'un royaume non encore organisé

est d'élire le chef de ce royaume et les vingt-quatre membres du conseil permanent.

Le parlement royal est élu pour cinq ans, et sa session annuelle ordinaire est ouverte, sans convocation, du 1er janvier au 31 mars, immédiatement après la clôture des parlements princiaux.

Au dessus du simple royaume il y a le Royaume Central ou empire, dont le territoire, beaucoup plus étendu, contient vingt quatre principautés. Selon les mêmes principes, l'Empire est administré par une Assemblée de représentants nommés par les assemblées royales de sa province, à raison de cinquante membres par royaume et de cent membres pour le territoire impérial. La ville impériale ou métropolitaine nomme cent membres pour elle-même. Et comme la Province est composée invariablement de six royaumes et d'un empire, le parlement impérial ou métropolitain au complet comprend cinq cents membres.

De même encore que pour les royaumes. les principautés, les duchés et les communes, le premier acte du parlement métropolitain d'une province non encore organisée est d'élire le chef de cette province et les vingt-quatre membres du conseil permanent.

Le parlement métropolitain est élu aussi pour cinq ans, et sa session annuelle ordinaire est également ouverte sans convocation, du 1er janvier au 30 juin.

Enfin, les intérêts généraux des vingt-quatre provinces, dont la confédération universelle est composée, sont administrés aussi par une Assemblée unique de représentants nommés par les assemblées métropolitaines, à raison de vingt-cinq membres par province, et de cent membres pour la Pantopôle, qui est la ville de tous les peuples.

Le Parlement Universel, composé ainsi de sept cents membres, est de même élu pour cinq ans comme les précédents, et sa session annuelle ordinaire est ouverte aussi sans convocation du 1er janvier au 30 juin, comme celle des parlements métropolitains.

Il y aura donc neuf mois de l'année, pour l'ensemble de tous les parlements de la confédération universelle, qui seront consacrées aux discussions des intérêts publics, depuis le 1er octobre, où commencent les sessions des parlements communaux, jusqu'au 30 juin où finissent celles des parlements métropolitains et de la Pantopole.

En résumé, le Parlement communal est permanent et se compose de tons les citoyens majeurs de la commune, c'est-à-dire qu'il existe par lui-même, sans élection, par le seul fait de l'existence sociale de ses habitants. Sont seuls soumis à l'élection, le Chef de la commune et les vingt-quatre membres du Conseil communal.

Au contraire, tous les autres parlements sont périodiques et soumis à l'élection directe des assemblées de la circonscription territoriale qu'ils sont appelés à représenter, depuis ceux des duchés jusqu'à ceux de la Pantopole. Leur périodicité est uniformément de cinq ans pour chacun d'eux, mais la durée de leur session annuelle varie suivant l'importance hiérarchique de leur juridiction. Elle est d'un mois pour les duchés et les principautés, de trois mois pour les royaumes, de six mois pour les provinces et de six mois aussi pour le parlement universel. Les élections générales d'un parlement ont toujours lieu dans le mois qui précède immédiatement l'ouverture de la session annuelle de ce parlement, c'est-à-dire en septembre pour les communes, en octobre pour les duchés, en novembre pour les principautés, et en décembre pour les royaumes, les provinces et la Pantopole.

Ainsi, toutes ces assemblées représentatives des intérêts sociaux, nationaux ou universels sont fondés sur les mêmes principes et ont la même organisation. Elles sont législatives ou régulatives pour les intérèts qu'elles représentent directement, et consultatives pour les intérêts qui leurs sont supérieurs ou qui sont en dehors de leur juridiction. Chaque parlement, étant indépendant des autres, peut se mouvoir, parler et agir en pleine liberté, dans les limites de ses attributions et de sa circonscription territoriale.

Et, de même que le parlement communal représente les intérêts de tous les habitants de sa commune, le parlement ducal les intérêts de toutes les communes de sa juridiction, le parlement princial les intérêts de ses duchés, le parlement royal les intérêts de ses principautés, et le parlement métropolitain les intérêts de sa province, de même aussi, le parlement central de la Pantopole représente les intérêts d'ordre supérieur et universel, qui sont communs à tous les peuples.

C'est ainsi que le chef de la commune sera considéré, aimé et respecté comme le père commun de la famille communale, et que lui-même en considérera les habitants comme ses enfants. Et les peuples de tous les duchés, de toutes les principautés, de tous les royaumes et de toutes les provinces auront aussi un père

commun dans le chef élu au centre et au sommet de la confédération universelle.

Voilà l'ordre véritable, la décentralisation la
plus complète établie au sein de la plus par-
faite unité. Cette division du travail entre les
différents centres administratifs permet à cha
cun son plein développement, et aucun intérêt
ne se trouve négligé ou confondu, comme dans
la centralisation absorbante de l'ordre actuel,
où toutes les forces sociales sont anihilées ou
étouffées par l'impossibilité matérielle de suffire
à la fois, aux besoins de tous et de chacun. Si
le suffrage est hiérarchique dans les centres
supérieurs, au sein des communes, où est la
base de l'ordre social, il est universel dans sa
plus large application. Le suffrage ainsi exercé
n'est plus la confusion et le trouble qu'on ren-
contre généralement dans le mode actuel des
élections, où souvent l'électeur ne connaît
même pas celui pour qui il donne son vote. Bien
plus, quand le candidat est nommé, il se trouve
investi d'un droit de souveraineté dont ses
électeurs sont non-seulement dessaisis, mais
qu'il peut encore exercer à leur propre détri-
ment sans avoir à leur rendre compte de sa
conduite. Au contraire, dans le nouveau mode
électoral, qui est universel à la base et hiérar
chique en haut, tous les électeurs peuvent con
naître parfaitement ceux qu'ils veulent élire;

et, de plus, conservant toujours intacte leur souveraineté, ils peuvent au besoin, si la gravité l'exige, révoquer l'élection d'un mandataire infidèle avant l'expiration de son mandat.

La police intérieure ordinaire, c'est-à dire celle qui n'exige pas l'emploi de la force publique, est faite par les communes elles mêmes. Celle, au contraire, qui exige son emploi, est faite à l'intérieur par la gendarmerie, dont les derniers détachements sont établis au chef-lieu ducal, suivant les besoins de sa circonscription territoriale, et, à l'extérieur, par l'armée ou la gendarmerie internationale.

Un code précis et simple comme l'Évangile, rédigé par les membres les plus compétents des parlements, sera mis à la portée de toutes les intelligences. Et afin que les citoyens ne soient pas exposés, comme dans le réseau inextricable des lois actuelles, à être souvent trompés dans leur confiance, même en recourant aux lumières des hommes de loi pour s'assurer de leurs droits et de leurs devoirs, toute loi non inscrite dans ce code sera considérée comme n'existant pas.

Chaque pays ayant ses usages particuliers et pouvant se trouver dans des conditions différentes, provenant du sol ou du climat, chaque parlement aura donc aussi un code qui lui sera propre. Il y aura ainsi, avec le code universel. celui de la province, celui du royaume, celui de la principauté, celui du duché et celui de la commune.

Le code universel du parlement central déterminera les bases fondamentales de l'ordre social, religieux et politique, ainsi que les principes supérieurs de protection générale et d'humanité qui doivent présider aux rapports des hommes entre eux. Et, sous l'égide de ses lois fondamentales, communes à tous les peuples, chaque État politique gouvernera ses propres intérêts de la manière qu'il lui conviendra, et qui sera le mieux approprié aux mœurs et aux usages particuliers de ses habitants. Ce sera la variété dans l'unité, c'est-à-dire l'épanouissement complet de la liberté et de la vie humaine à tous ses degrés.

Les femmes, auxquelles on a refusé jusqu'à ce jour toute initiative dans les affaires publiques, y participeront désormais dans une juste mesure. Il n'y aura pas pour elles d'élection spéciale, mais elles participeront à celle de leur mari, d'une manière facultative et sans négliger les intérêts particuliers de leur propre famille. Dans cette vue la salle des délibérations des parlements contiendra autant de places réservées qu'il y aura de représentants élus. Ces places seront indépendantes des tribunes publiques et feront partie intégrante de la salle même des délibérations, où elles formeront comme une ceinture à celles des représentants qui en occuperont le centre.

Dans cette enceinte, les représentantes ne participeront que par leur présence aux discussions publiques, mais il y aura deux autres salles plus petites, à droite et à gauche de l'enceinte principale, dont l'une sera réservée aux séances non publiques des représentants, et l'autre, aux réunions spéciales des représentantes. Là, elles pourront recevoir des pétitions et discuter entre elles, non-seulement les intérêts plus particuliers à leur sexe, mais aussi émettre à titre consultatif leur avis sur toutes les questions générales. Cette faculté accordée aux femmes des représentants comblera une grande lacune dans la représentation des intérêts publics et produira une émulation puissante parmi les élus de la nation.

Dans la commune, où tous les habitants se connaissent et peuvent se considérer comme membres d'une même famille, la parlement n'aura qu'une salle pour tous ses travaux, et les femmes participeront aux discussions et aux délibérations, ainsi qu'à tous les votes, à un titre égal à celui des hommes. En dehors des sessions, cette même salle servira aux fêtes et aux réunions spéciales des habitants, ainsi qu'à des lectures ou à des conférences instructives, qui formeront et développeront l'éducation du peuple, en lui faisant aimer le travail dans toutes ses branches et estimer jusqu'à ses plus infimes rameaux. Car, l'absence d'éducation est la seule barrière qui empêche la fusion des différentes classes de la Société, et qui souvent fait ennemis ceux qui devraient se considérer comme frères.

Et, ainsi, tous les éléments d'ordre et de sollicitude qui constitue l'harmonie et l'union dans la simple famille se retrouveront, à des degrés divers, dans la grande famille des nations confédérées.

Dans ce nouvel ordre représentatif des intérêts généraux, le fils du chef élu d'un peuple ou même de toute la confédération peut succéder à son père comme dans l'ordre ancien, mais il doit être confirmé dans cette succession par le suffrage légal, qui, seul, peut la sanctionner et la rendre légitime. Il serait même très-heureux qu'il en fut toujours ainsi, car cela prouverait que la famille du Chef premièrement élu a conservé toutes les sympathies publiques dont ce chef fut honoré. Mais enfin, cette sanction est nécessaire pour ne point s'écarter des voies pacifiques de l'ordre et de la justice, et pour ôter tout prétexte au désordre ou à l'insurrection.

Tel est, selon le Plan du **Livre Précurseur**, l'ensemble de la nouvelle organisation administrative des intérêts publics dans toutes ses parties fondamentales.

Cependant, bien que cette organisation ait été conçue en vue de la confédération universelle de **tous** les peuples, rien ne serait plus facile, avec un peu de bonne volonté, que de l'appliquer partiellement dans toute commune, tout département ou toute circonscription politique de l'état actuel, même à titre d'essai, sans troubler d'aucune manière l'ordre établi au sommet des gouvernements existants.

Ces mêmes principes peuvent s'appliquer aussi à toutes les branches de l'activité humaine : aux sciences, aux arts, aux industries, aux subsistances et à tous les grands établissements nationaux, financiers, industriels ou agricoles. Et tous les intérêts publics étant représentés et dirigés par les intéressés eux-mêmes, la vérité de leurs opérations étant constamment à jour par l'uniformité et la simplicité de tous les rouages administratifs, la confiance, assise de nouveau sur la sincérité et la bonne foi mutuelle qui existaient autrefois dans les mœurs , avant le funeste envahissement du mensonge et de la falsification en toutes choses, alors qu'une parole donnée avait plus de valeur qu'aujourd'hui une signature, reviendra franchement dans les esprits en même temps que la paix dans les cœurs. Alors, le travail général dégagé de ses craintes et de ses entraves, se développera librement dans toutes ses branches et tous ses rameaux, et, prenant une extension de plus en plus considérable, il répandra ses bienfaits et ses richesses jusqu'au sein des classes les plus déshéritées de la population, celles surtout qui, jusqu'à ce jour, n'ont connu de la vie que ses privations et ses douleurs.

Toutefois, si l'ensemble de ce Plan a pu être l'œuvre d'un seul, les détails de son application ne peuvent être que l'œuvre de tous, et tout homme intelligent , de bonne volonté , doit apporter sa pierre à l'édifice, chacun selon ses moyens, sa spécialité, et le degré de ses connaissances, afin que cette œuvre, commencée avec ensemble, soit conduite avec énergie et pérsévérance, jusqu'à sa complète réalisation.

Mais, si les peuples veulent voir leurs efforts promptement couronnés par le succès, ils doivent établir d'abord la réforme représentative,

parcequ'elle est le fondement de l'ordre nouveau ; car, lorsque cette réforme première sera
accomplie, toutes les autres viendront d'elles-
mêmes et comme par surcroit. Qu'ils réunissent
donc, dans ce but, toutes leurs volontés en une
seule volonté ; qu'ils n'aillent ni à droite, ni à
gauche, mais directement vers l'unique objet
de leur salut, et. subordonnant toutes les questions qui les divisent à cette question fonda-
mentale , ils cimenteront leur uuion et leur
liberté sur un roc inébranlable, que nulle puissance humaine ne pourra plus détruire désor-
mais·

Lors donc qu'un candidat se présentera
aux suffrages des électeurs, ceux-ci n'auront
qu'à lui demander s'il est pour ou contre la
nouvelle forme représentative, sans y mêler
aucune autre question politique ou religieuse,
puisque toutes les autres, sans exception, doivent lui être subordonnées. La réponse du candidat, sans phrases ambiguës, mais nette et
précise et simplement par OUI ou par NON
indiquera aux électeurs s'il se présente à eux
en ami ou en ennemi de leur indépendance et
de leur liberté. Dès lors, ils sauront à quoi s'en
tenir sur son compte, et leur bonne foi ne sera
pas surprise.

C'est ainsi que l'opinion publique pourra se

manifester clairement, qu'on pourra en apprécier l'expression dans toute sa force et sa vérité, et qu'on détruira dans leur principe même les troubles et les perturbations, qui, de temps à autre, viennent tout-à-coup ébranler les États jusqu'en leurs fondements.

Enfin, quand le Plan du Livre Précurseur sera compris par le peuple français, ce peuple aux élans généreux y puisera une force et une puissance qu'il n'a jamais connue, ni en 1789, ni en 1830, ni en 1848; ni sous la république, ni sous la monarchie. Il sera pour lui la plus solide des cuirasses pour se protéger dans son indépendance et dans sa liberté, et les institutions qu'il en tirera seront comme une forteresse puissante qui défiera les armées et les flottes les plus formidables de ses ennemis.

Et quand ce Plan sera compris aussi du monde chrétien, le catholicisme y puisera une foi nouvelle qui fortifiera et grandira l'Église, en montrant à l'univers la gloire incomparable du divin Rédempteur, Celui au nom duquel doit s'accomplir la rédemption définitive de tous les peuples de la terre.

Paris. — Imp. Wiesener.   Lutier et Comp., rue Delaborde, 34.